Livre Pour Enfants

Sur Le Conflit Israélo-Palestinien

Par Kalel WALKER

CHAPITRE 1

À la Découverte de la Terre Sainte

Dans ce premier chapitre, nous partirons à la découverte de la Terre Sainte, une région qui revêt une grande importance pour les Israéliens et les Palestiniens.

Introduction à la Terre Sainte :

La Terre Sainte est une région située au Moyen-Orient, une partie du monde riche en histoire et en spiritualité. Elle englobe des lieux saints pour trois grandes religions monothéistes : le judaïsme, le christianisme et l'islam. Cette région est également connue sous le nom de Terre Promise ou de Palestine, selon les différentes perspectives.

Pourquoi la Terre Sainte est-elle importante ?

La Terre Sainte est importante pour les Israéliens et les Palestiniens pour plusieurs raisons. Tout d'abord, c'est le lieu où sont nés et ont prospéré de nombreuses civilisations anciennes, ce qui en fait un endroit riche en histoire et en culture. Ensuite, elle abrite des sites sacrés et historiques qui sont au cœur des croyances religieuses de millions de personnes à travers le monde. Enfin, elle est le centre du conflit israélo-palestinien, un conflit complexe et profondément enraciné qui a des répercussions sur toute la région.

Histoires Anciennes de la Terre Sainte :

La Terre Sainte est le berceau de
nombreuses civilisations anciennes,
dont les Hébreux, les Cananéens
et les Philistins. Ces peuples ont
laissé derrière eux des traces de leur
passage sous forme de ruines
antiques, de textes religieux
et de traditions culturelles. Des villes
comme Jérusalem, Bethléem
et Nazareth sont des témoins
de cette riche histoire, où des
événements bibliques et historiques
importants se sont déroulés.

Les Liens Culturels et Historiques :

Les Israéliens et les Palestiniens entretiennent des liens profonds avec la Terre Sainte, liés à leur histoire, leur culture et leur identité nationale. Pour les Israéliens, la Terre Sainte est le lieu de leur ancienne patrie, promise dans les écritures bibliques. Pour les Palestiniens, c'est la terre de leurs ancêtres, où ils ont vécu depuis des générations. Ces liens émotionnels et spirituels sont au cœur du conflit qui divise la région depuis des décennies.

En explorant la Terre Sainte, nous commençons à comprendre pourquoi cette région est si importante pour les Israéliens et les Palestiniens.
Elle est bien plus qu'un simple territoire ; elle est le symbole de leur héritage culturel, religieux
et historique, et un enjeu crucial dans leur quête de paix et de justice.

CHAPITRE 2
Les Deux Peuples

Dans ce chapitre, nous plongerons au cœur des deux peuples qui habitent la Terre Sainte : les Israéliens et les Palestiniens. Nous explorerons leurs cultures, leurs langues, leurs traditions et nous découvrirons ce qu'ils partagent en commun malgré leurs différences.

Les Israéliens :

Les Israéliens sont les habitants de l'État d'Israël, un pays situé en grande partie sur la côte est de la mer Méditerranée. Ils sont le produit d'une diversité de cultures, car Israël est un pays d'immigrants venus du monde entier. Les Israéliens parlent principalement l'hébreu, une langue ancienne qui a été ravivée comme langue nationale après la création de l'État d'Israël en 1948. Le judaïsme est la religion principale en Israël, mais le pays est également diversifié sur le plan religieux, avec des minorités chrétiennes, musulmanes et d'autres religions.

Les Palestiniens :

Les Palestiniens sont les habitants de la Palestine, une région qui comprend la Cisjordanie, la bande de Gaza et Jérusalem-Est. Ils sont majoritairement arabes et parlent l'arabe palestinien, bien que certains parlent aussi l'hébreu en raison de l'interaction avec les Israéliens. Les Palestiniens sont principalement musulmans, mais il existe également des communautés chrétiennes et d'autres religions dans la région. La Palestine a une riche histoire et culture, avec des traditions culinaires, musicales et artistiques qui lui sont propres.

Ce qu'ils partagent en commun :

Malgré leurs différences, les Israéliens et les Palestiniens partagent plusieurs points communs. Ils ont tous deux des liens profonds avec la Terre Sainte et une histoire ancienne dans la région. Ils partagent également une volonté de prospérité et de sécurité pour leurs familles et leurs communautés. De plus, ils partagent souvent des éléments de culture et de cuisine qui transcendent les frontières politiques et religieuses.

En apprenant à connaître les Israéliens et les Palestiniens, nous pouvons mieux comprendre la complexité du conflit qui divise la Terre Sainte. Bien que chaque peuple ait sa propre histoire et sa propre perspective, il est important de reconnaître les similitudes qui les unissent et de rechercher des voies vers la compréhension mutuelle et la paix.

CHAPITRE 3

Les Racines du Conflit

Dans ce chapitre, nous nous pencherons l'histoire afin de comprendre les racines profondes du conflit israélo-palestinien. Nous examinerons les revendications territoriales, les différends religieux et d'autres causes qui ont alimenté les tensions entre les deux peuples.

Les Revendications Territoriales :

Une des principales causes du conflit entre Israéliens et Palestiniens est la question des terres. Les deux peuples revendiquent la même région comme leur foyer ancestral et ont des revendications territoriales concurrentes. Les Israéliens considèrent la Terre Sainte comme leur patrie ancestrale, avec Jérusalem comme leur capitale éternelle.

Les Palestiniens, quant à eux, revendiquent la même région comme leur terre ancestrale et aspirent à établir un État palestinien indépendant avec Jérusalem-Est comme capitale.

Les Différends Religieux :

Les différends religieux sont également une source de tension majeure dans le conflit. La Terre Sainte est un lieu saint pour les trois grandes religions monothéistes: le judaïsme, le christianisme et l'islam. Les sites saints de Jérusalem, comme le Mont du Temple et le Mur des Lamentations, sont revendiqués comme sacrés par les trois religions, ce qui crée des frictions religieuses et des conflits autour de leur contrôle et de leur accès.

Les Conflits Historiques :

Le conflit israélo-palestinien est
également le produit de siècles
de conflits historiques entre les deux
peuples. Les Israéliens et les
Palestiniens ont une longue histoire
de rivalité, de guerres et de
colonisation, qui remonte à des
décennies, voire des siècles.
Les guerres arabes-israéliennes,
la colonisation juive en Palestine
et les révoltes palestiniennes ont tous
contribué à alimenter les tensions
et à envenimer le conflit.

Les Conséquences de la Colonisation :

La colonisation juive en Palestine, qui a commencé au début du 20e siècle et s'est intensifiée après la Seconde Guerre mondiale, est une autre cause majeure du conflit. Les Israéliens ont établi des colonies et des implantations en Cisjordanie et à Jérusalem-Est, ce qui a conduit à des litiges territoriaux et à des tensions croissantes avec les Palestiniens.

En comprenant les racines du conflit israélo-palestinien, nous pouvons mieux appréhender sa complexité et ses défis. Les revendications territoriales, les différends religieux, les conflits historiques et la colonisation sont autant de facteurs qui alimentent les tensions entre les deux peuples. Pour parvenir à une paix durable, il est essentiel de reconnaître et de résoudre ces questions fondamentales de manière juste et équitable.

CHAPITRE 4

Les Moments Clés du Conflit

Dans ce chapitre, nous explorerons les moments clés de l'histoire qui ont façonné le conflit israélo-palestinien au fil des décennies. Des guerres aux négociations de paix, nous verrons comment ces événements historiques ont laissé une empreinte indélébile sur la région et ont influencé le présent.

La Déclaration Balfour (1917) :

Un des premiers moments clés du conflit a été la Déclaration Balfour de 1917, dans laquelle le gouvernement britannique a exprimé son soutien à l'établissement d'un "foyer national juif" en Palestine. Cette déclaration a jeté les bases de l'immigration juive en Palestine et a suscité des tensions avec la population arabe locale.

La Guerre d'Indépendance d'Israël (1948) :

La guerre d'Indépendance d'Israël
a marqué la création de l'État d'Israël
en 1948 et le début du conflit
israélo-arabe. Cette guerre
a entraîné la fuite de centaines
de milliers de Palestiniens de leurs
foyers, créant ainsi le problème
des réfugiés palestiniens, qui persiste
jusqu'à aujourd'hui.

La Guerre des Six Jours (1967):

La guerre des Six Jours en 1967 a été un tournant majeur dans le conflit. Israël a remporté une victoire décisive contre ses voisins arabes et a occupé la Cisjordanie, la bande de Gaza, Jérusalem-Est, le plateau du Golan et la péninsule du Sinaï. Cette occupation a exacerbé les tensions et a semé les graines du conflit actuel.

Les Accords d'Oslo (1993) :

Les Accords d'Oslo, signés en 1993 entre Israël et l'Organisation de libération de la Palestine (OLP), ont été un moment d'espoir pour la paix. Ces accords ont établi des principes pour des négociations ultérieures visant à parvenir à un règlement définitif du conflit et à créer un État palestinien indépendant.

Le Mur de Séparation (2002):

La construction du mur de séparation par Israël en 2002 a été un autre moment clé du conflit. Ce mur, qui s'étend sur des centaines de kilomètres en Cisjordanie, a été érigé pour se protéger contre les attaques terroristes, mais il a également entraîné des divisions communautaires et des violations des droits de l'homme.

Les Guerres de Gaza (2008, 2012, 2014):

Les guerres de Gaza entre Israël et le Hamas en 2008, 2012 et 2014 ont été des moments de grande violence et de souffrance pour les civils des deux côtés. Ces conflits ont ravivé les tensions et ont rendu la perspective d'une paix durable encore plus éloignée.

En explorant ces moments clés du conflit, nous pouvons mieux comprendre la complexité et la profondeur de la situation en Terre Sainte. Ces événements historiques ont laissé des cicatrices profondes et ont influencé les attitudes et les actions des Israéliens et des Palestiniens jusqu'à nos jours. Pour parvenir à une paix durable, il est essentiel de reconnaître et de comprendre ces moments décisifs de l'histoire et de travailler ensemble pour surmonter les divisions du passé.

CHAPITRE 5

Vivre au Milieu du Conflit

Ce chapitre donnera la parole à ceux qui vivent chaque jour dans la région. Nous entendrons leurs histoires et découvrirons les défis auxquels ils sont confrontés, mais aussi leurs espoirs pour un avenir meilleur.

Confrontés aux Défis Quotidiens :

Les contrôles de sécurité, les barrages routiers, les couvre-feux et les démolitions de maisons sont devenus une monnaie courante, entravant la liberté de mouvement et l'accès aux services de base tels que l'éducation et les soins de santé.

L'Impact sur la Vie Sociale et Économique :

Le conflit a également un impact profond sur la vie sociale et économique des communautés. Les fermetures de frontières et les restrictions commerciales entravent le commerce et l'emploi, alimentant le chômage et la pauvreté. Les tensions intercommunautaires et la polarisation politique exacerbent les divisions sociales, créant un climat de méfiance et d'hostilité.

Les Conséquences sur les Familles et les Enfants :

Les familles et les enfants sont
particulièrement vulnérables aux
effets dévastateurs du conflit.
Les attaques violentes,
les arrestations arbitraires
et les déplacements forcés laissent
des cicatrices profondes sur le tissu
familial. Les enfants grandissent dans
un environnement de peur
et de traumatisme, privés de leur
innocence et de leur droit
à une enfance paisible.

Résilience et Solidarité :

Pourtant, même au milieu de la souffrance, émerge un sentiment remarquable de résilience et de solidarité. Les voisins se soutiennent mutuellement dans les moments difficiles, partageant leurs ressources et leur réconfort. Des initiatives communautaires voient le jour, offrant un espace sûr pour l'expression et la guérison collective.

Aspirations pour un Avenir Meilleur :

En dépit des obstacles, les habitants de la Terre Sainte gardent espoir en un avenir meilleur. Ils aspirent à la paix, à la justice et à la dignité pour tous, quelle que soit leur origine ou leur appartenance religieuse. Leurs voix résonnent d'un appel à l'action collective pour mettre fin à la violence et à l'oppression, et œuvrer ensemble à la construction d'une société fondée sur la coexistence pacifique et le respect mutuel.

À travers les témoignages poignants et les expériences vécues des habitants de la Terre Sainte, nous sommes confrontés à la réalité humaine du conflit israélo-palestinien. Leurs récits nous rappellent l'urgence de trouver des solutions durables et inclusives pour mettre fin à la souffrance et ouvrir la voie à un avenir de paix et de réconciliation.

CHAPITRE 6
Les Voies vers la Paix

Dans ce chapitre, nous nous plongerons dans les différentes voies vers la paix dans la région de la Terre Sainte. Des initiatives locales de dialogue aux efforts internationaux de médiation, nous découvrirons comment des individus des deux côtés du conflit travaillent ensemble pour construire un avenir de paix et de réconciliation.

Initiatives Locales de Dialogue :

Dans cette région, il y a
des personnes qui se réunissent pour
parler, écouter et essayer
de se comprendre. Des groupes
de dialogue se forment, où des
Israéliens et des Palestiniens se
rencontrent pour discuter de leurs
différences et de leurs
préoccupations. En apprenant
à se connaître, ils découvrent qu'ils
ont plus de choses en commun
qu'ils ne le pensaient.

La Société Civile :

La société civile comprend toutes les personnes qui ne sont pas des politiciens ou des dirigeants gouvernementaux. Dans la région de la Terre Sainte, la société civile est très active dans la promotion de la paix. Des organisations non gouvernementales (ONG), des groupes religieux et des citoyens ordinaires organisent des manifestations pacifiques, des marches et des événements culturels pour promouvoir la compréhension et la réconciliation entre les communautés.

La Diplomatie Track II :

Il existe également ce que l'on appelle
la "diplomatie Track II", où
des personnes qui ne sont pas des
diplomates officiels travaillent en
coulisses pour promouvoir la paix. Ils
organisent des réunions informelles,
des ateliers et des conférences où
des représentants des deux côtés du
conflit peuvent se rencontrer en
dehors du cadre officiel pour discuter
de solutions pacifiques.

Les Efforts Internationaux de Médiation :

Au niveau international, de nombreux pays et organisations travaillent pour aider Israéliens et Palestiniens à trouver une solution pacifique à leur conflit. Les Nations unies, l'Union européenne, les États-Unis et d'autres acteurs internationaux tentent de faciliter le dialogue et de promouvoir des négociations de paix équitables et durables.

Réussites et Défis :

Certaines de ces initiatives ont été couronnées de succès, mais il reste encore beaucoup à faire pour parvenir à une paix durable dans la région. Il y a des défis importants à relever, comme le manque de confiance entre les deux parties, les extrémismes de part et d'autre, et les actes de violence qui sapent les efforts de paix.

L'Espoir pour l'Avenir :

Malgré ces défis, nous conclurons sur une note d'espoir, en soulignant l'engagement continu de nombreux individus et organisations en faveur de la paix. Leur détermination à surmonter les divisions et à construire des ponts entre les communautés offre une lueur d'espoir pour un avenir de coexistence pacifique et de justice pour tous les habitants de la Terre Sainte.

En explorant ces différentes voies vers la paix, nous apprenons que chaque petit geste de compréhension et de coopération peut contribuer à construire un avenir meilleur pour tous. Chacun de nous peut jouer un rôle dans la construction d'un monde plus pacifique et plus juste.

CHAPITRE 7
La Paix Est-Elle Possible ?

Dans ce chapitre, nous nous poserons la question : la paix entre Israéliens et Palestiniens est-elle possible ? Nous écouterons différents points de vue et réfléchirons à ce que cela pourrait signifier pour l'avenir.

Les Deux Points de Vue :

D'un côté, certains disent que la paix est possible. Ils croient que si les Israéliens et les Palestiniens se parlent et se comprennent, ils peuvent trouver des solutions à leurs problèmes. Ils pensent que les deux peuples peuvent vivre en paix et en harmonie s'ils le veulent vraiment. D'un autre côté, d'autres sont plus sceptiques. Ils pensent que les différences entre les deux peuples sont trop grandes pour être surmontées. Ils craignent que les extrémistes des deux côtés ne veuillent pas la paix et ne sabotent les efforts de ceux qui veulent la paix.

Les Obstacles à la Paix :

Il y a plusieurs obstacles qui rendent difficile la réalisation de la paix entre Israéliens et Palestiniens. Il y a les différences religieuses, culturelles et politiques qui divisent les deux peuples depuis des générations. Il y a aussi les actes de violence et de terrorisme qui sapent la confiance et rendent difficile le dialogue. D'un autre côté, d'autres sont plus sceptiques. Ils pensent que les différences entre les deux peuples sont trop grandes pour être surmontées. Ils craignent que les extrémistes des deux côtés ne veuillent pas la paix et ne sabotent les efforts de ceux qui veulent la paix.

Les Signes d'Espoir :

Pourtant, malgré ces obstacles, il y a des signes d'espoir. De nombreuses personnes des deux côtés travaillent pour la paix. Ils se réunissent pour discuter, écouter et essayer de comprendre les points de vue de l'autre. Ils organisent des manifestations pacifiques, des rencontres culturelles et des projets de coopération qui montrent que la paix est possible.

Ce que la Paix Signifierait :

Si la paix était possible entre Israéliens et Palestiniens, cela signifierait un avenir meilleur pour les deux peuples. Cela signifierait la fin de la violence et des souffrances pour les familles des deux côtés. Cela signifierait également la possibilité de construire un avenir de prospérité et de sécurité pour tous les habitants de la région.

Notre Rôle dans la Construction de la Paix :

Chacun de nous a un rôle à jouer
dans la construction de la paix.
Que nous soyons Israéliens,
Palestiniens ou simplement des amis
du Moyen-Orient, nous pouvons
tous contribuer à promouvoir
la compréhension, le respect
et la coopération entre les peuples
de la région.

En réfléchissant à la question de savoir si la paix entre Israéliens et Palestiniens est possible, nous réalisons que c'est une question complexe qui n'a pas de réponse simple. Mais en écoutant les voix des deux côtés, en reconnaissant les obstacles et en croyant en la possibilité d'un avenir meilleur, nous pouvons continuer à espérer et à travailler pour un monde plus pacifique et plus juste pour tous.

CHAPITRE 8

Construire un Avenir de Paix

Enfin, nous conclurons notre voyage en réfléchissant à ce que nous pouvons faire pour contribuer à la paix entre Israéliens et Palestiniens. Chaque petit geste compte, et ensemble, nous pouvons aider à construire un avenir meilleur pour tous.

Écouter et Comprendre :

La première étape pour contribuer à la paix est d'écouter et de comprendre les points de vue des autres. Que nous soyons Israéliens, Palestiniens ou simplement des amis du Moyen-Orient, nous pouvons tous essayer de comprendre les expériences et les perspectives des autres.

Promouvoir la Tolérance et le Respect :

Nous pouvons également promouvoir la tolérance et le respect entre les peuples. En apprenant à respecter les différences des autres et en traitant tout le monde avec gentillesse et compassion, nous contribuons à créer un monde plus pacifique et plus inclusif.

Soutenir les Initiatives de Paix :

Nous pouvons soutenir les initiatives de paix dans la région en faisant connaître les projets et les organisations qui travaillent pour la réconciliation entre Israéliens et Palestiniens. Que ce soit en faisant un don, en participant à des événements ou en partageant des informations, nous pouvons tous apporter notre contribution à la construction de la paix.

Être un Ambassadeur de la Paix :

Enfin, nous pouvons tous être des ambassadeurs de la paix dans notre vie quotidienne. En choisissant de résoudre les conflits de manière pacifique, en refusant la violence et en prônant le dialogue et la compréhension, nous montrons au monde que la paix est possible.

Ensemble, nous pouvons aider à construire un avenir de paix pour les générations futures. Chaque petit geste compte, et ensemble, nous pouvons faire une différence. En travaillant ensemble, nous pouvons créer un monde plus juste, plus pacifique et plus harmonieux pour tous.

Moment de discussion

Posons-nous quelques questions sur ce que nous venons de lire.

- Quelles sont les raisons pour lesquelles la Terre Sainte est importante pour les Israéliens et les Palestiniens ?

- Comment les Israéliens et les Palestiniens vivent-ils ensemble dans cette région ?

- Quels éléments les Israéliens et les Palestiniens partagent-ils en commun malgré leurs différences ?

- Comment pouvons-nous promouvoir la compréhension et la tolérance entre les deux peuples ?

- Pourquoi le conflit entre Israéliens et Palestiniens a-t-il commencé ?

- Quels sont les différends religieux qui ont alimenté les tensions entre les Israéliens et les Palestiniens ?

- Quels événements historiques importants ont façonné le conflit ?

- Comment pouvons-nous promouvoir la paix et la compréhension entre les différentes communautés de la région ?

- Quels sont les obstacles à la paix dans la région ?

- Pouvons-nous imaginer un avenir de paix entre Israéliens et Palestiniens ?

- Quels sont les obstacles à la paix que nous devons surmonter ?

- Comment pouvons-nous promouvoir la compréhension et la tolérance entre les différentes communautés ?

- Quel est notre rôle dans la construction d'un avenir de paix pour tous ?

- Comment pouvons-nous utiliser ce que nous avons appris dans ce livre pour aider à construire un avenir meilleur pour tous ?

Notes